Argumentação:
a ferramenta do filosofar

Argumentação:
a ferramenta do filosofar

Juvenal Savian Filho

FILOSOFIAS: O PRAZER DO PENSAR
Coleção dirigida por
Marilena Chaui e Juvenal Savian Filho

Copyright © 2010, Editora WMF Martins Fontes Ltda.,
São Paulo, para a presente edição.

1ª edição *2010*
4ª tiragem *2021*

Edição de texto
Juvenal Savian Filho
Acompanhamento editorial
Helena Guimarães Bittencourt
Revisões
Letícia Braun
Andréa Stahel M. da Silva
Edição de arte
Katia Harumi Terasaka
Produção gráfica
Geraldo Alves
Paginação
Moacir Katsumi Matsusaki

Dados Internacionais de Catalogação na Publicação (CIP)
(Câmara Brasileira do Livro, SP, Brasil)

Savian Filho, Juvenal
  Argumentação : a ferramenta do filosofar / Juvenal Sa-
vian Filho. – São Paulo : Editora WMF Martins Fontes, 2010.
– (Filosofias : o prazer do pensar / dirigida por Marilena
Chaui e Juvenal Savian Filho)

  ISBN 978-85-7827-309-5

  1. Oratória 2. Raciocínio 3. Retórica I. Chaui, Marilena. II.
Savian Filho, Juvenal. III. Título. IV. Série.

10-06555   CDD-168

Índices para catálogo sistemático:
1. Argumentação : Lógica   168

Todos os direitos desta edição reservados à
Editora WMF Martins Fontes Ltda.
Rua Prof. Laerte Ramos de Carvalho, 133 01325-030 São Paulo SP Brasil
Tel. (11) 3293.8150 e-mail: info@wmfmartinsfontes.com.br
http://www.wmfmartinsfontes.com.br

SUMÁRIO

Apresentação • 7
Introdução • 9

1 Analisando argumentos • 15
2 O melhor debate filosófico está nas premissas e pressupostos • 22
3 Montando e desmontando argumentos • 26
4 Tipos de raciocínio • 31
5 Analisando textos • 37
6 Textos aforismáticos • 62
7 Redigindo textos filosóficos • 65

Dicas de viagem • 67

APRESENTAÇÃO

Marilena Chaui e Juvenal Savian Filho

O exercício do pensamento é algo muito prazeroso, e é com essa convicção que convidamos você a viajar conosco pelas reflexões de cada um dos volumes da coleção *Filosofias: o prazer do pensar*.

Atualmente, fala-se sempre que os exercícios físicos dão muito prazer. Quando o corpo está bem treinado, ele não apenas se sente bem com os exercícios, mas tem necessidade de continuar a repeti-los sempre. Nossa experiência é a mesma com o pensamento: uma vez habituados a refletir, nossa mente tem prazer em exercitar-se e quer expandir-se sempre mais. E com a vantagem de que o pensamento não é apenas uma atividade mental, mas envolve também o corpo. É o ser humano inteiro que reflete e tem o prazer do pensamento!

Essa é a experiência que desejamos partilhar com nossos leitores. Cada um dos volumes desta coleção foi concebido para auxiliá-lo a exercitar o seu pensar. Os temas foram cuidadosamente selecionados para abordar os tópicos mais importantes da reflexão filosófica atual, sempre conectados com a história do pensamento.

Assim, a coleção destina-se tanto àqueles que desejam iniciar-se nos caminhos das diferentes filosofias como àqueles que já estão habituados a eles e querem continuar o exercício da reflexão. E falamos de "filosofias", no plural, pois não há apenas uma forma de pensamento. Pelo contrário, há um caleidoscópio de cores filosóficas muito diferentes e intensas.

Ao mesmo tempo, esses volumes são também um material rico para o uso de professores e estudantes de Filosofia, pois estão inteiramente de acordo com as orientações curriculares do Ministério da Educação para o Ensino Médio e com as expectativas dos cursos básicos de Filosofia para as faculdades brasileiras. Os autores são especialistas reconhecidos em suas áreas, criativos e perspicazes, inteiramente preparados para os objetivos dessa viagem pelo país multifacetado das filosofias.

Seja bem-vindo e boa viagem!

INTRODUÇÃO

Sempre que desejamos expor nosso pensamento, nossa visão de mundo ou um assunto que conhecemos bem, procuramos convencer nossos interlocutores. Afinal, se não quiséssemos convencer, não teríamos motivo para expor nossas ideias; seríamos indiferentes. Ao contrário, se nos exprimimos, é porque pensamos ter razão, ou, ao menos, consideramos razoáveis nossas ideias.

Assim, ao tomar posição sobre qualquer tema, e ao desejar que nossos interlocutores nos deem ouvidos, tentamos mostrar como nossas conclusões são verdadeiras. Em outras palavras, buscamos explicitar os motivos pelos quais temos certos pensamentos, visões de mundo etc.

O mesmo ocorre em todos os ramos do conhecimento; afinal, quando, com honestidade intelectual, um filósofo, um cientista, um historiador, um artista etc., anuncia uma descoberta ou uma nova interpretação para algum tema, eles esperam ser acreditados, pois consideram suas afirmações mais adequadas para compreender nossa experiência. É por isso, até, que não chamamos o "conhecimento" ou a "ciência" de simples "opiniões". Muitas vezes, eles não passam de interpretações diferentes do mesmo fato, mas, geralmente, têm o objetivo de corresponder a verdades sobre o mundo e a vida. Resumindo, o conhecimento e a ciência procuram certezas.

Porém, mesmo quando manifestamos opinião pessoal sobre um assunto qualquer, também procuramos convencer. Baseamo-nos em nossas vivências, em nossa visão pessoal do mundo, em nossa bagagem de informações etc. Partimos, então, de verdades conhecidas e procuramos chegar a novos dados, novas interpretações, novas certezas e assim por diante.

Nesse ponto, o procedimento de convencer é comum tanto à opinião como ao conhecimento, a não ser que, ao dar uma opinião, não apresentemos motivos passíveis de debate, mas queiramos convencer pela força, pela insistência, ou, como dizem, "no grito". Ao contrário, se procuramos motivos para justificar o que pensamos, adotamos uma postura muito parecida com a do conhecimento objetivo, da atividade filosófica, da ciência etc. Esse ponto comum é a tentativa de convencer, partindo de dados já adquiridos em nossas vivências e chegando a conclusões bem justificadas. A esse procedimento também chamamos **argumentação**. E a argumentação do conhecimento, ou seja, que possui certeza e não consiste apenas numa opinião bem defendida, é chamada especificamente **demonstração**.

Na atividade filosófica, o filósofo pode chegar a novas interpretações de nossa experiência do mundo, assim como pode renovar antigas interpretações. Mas, antes de tudo, ele é um "especialista" da argumentação e da demonstração. Como sua atividade é sempre feita em diálogo com outros pensadores, cientistas, artistas etc., ele desenvolve a habilidade própria de analisar a maneira como argumentamos para justificar nossas certezas e opiniões.

Certamente vem daí a imagem do filósofo como alguém que sempre duvida ou pergunta. Essa imagem é parcialmente verdadeira, pois, como dissemos, o filósofo também pode chegar a certezas. Sua dúvida não é aquela dúvida infantil e gratuita, que pergunta a todo tempo "por quê?", pelo puro prazer de perguntar ou sem ter interesse pela resposta. Ao contrário, é uma dúvida que busca explicitar os motivos pelos quais pensamos o que pensamos.

Essa atitude evita o nosso fechamento num mundo egoísta e autorreferente; faz-nos buscar uma comunicação sincera com os outros. É sempre útil perguntar, diante de tudo o que nos dizem: "Será que nosso interlocutor não tem razão?" Buscando responder a essa pergunta, interessamo-nos pelos argumentos fornecidos no diálogo ou constatamos a ausência de argumentos.

Ao mesmo tempo, é preciso saber que as certezas e as verdades obtidas pelo conhecimento, e não pela simples opinião, nem sempre são definitivas. Muitas vezes, são mesmo ambíguas (como, por exemplo, quando diferentes tendências da Física divergem em suas interpretações da explosão do *big bang*). No entanto, ainda assim é possível falar de conhecimento, e não de mera opinião, pois dados mais ou menos objetivos levam a aceitar uma teoria e a recusar outra. Nesse sentido, quando um médico administra um antibiótico e obtém a cura de uma infecção, ele não está lidando apenas com opinião. Ou quando um sociólogo reúne dados para afirmar que há exploração da mão de obra em certos domínios do mundo do trabalho, também não emite uma simples opinião. Ou mesmo um filósofo, quando consegue concatenar melhor suas ideias, para defender sua interpretação da experiência humana, ao passo que outros, ao argumentar, servem-se muitas vezes de recursos retóricos ou pessoais (geralmente autoritários), é preciso dizer que o primeiro aproxima-se mais de um conhecimento adequado à realidade, enquanto o outro equivoca-se ou permanece no campo da simples opinião.

Todos esses dados (seja nas ciências exatas, biológicas, humanas ou na Filosofia) podem ser revistos, mas a melhor correlação estabelecida entre eles, em conjunto com o teste da realidade, leva a falar de conhecimento.

1. Analisando argumentos

Para nos iniciarmos na atividade filosófica, é de extrema importância desenvolver nossas capacidades de saber ouvir e de analisar o que ouvimos. Ouvimos pessoas, textos, acontecimentos... Nossa primeira atitude deveria ser a de perceber o modo como as argumentações são construídas.

Todo argumento ou raciocínio é um movimento do nosso pensamento para produzir uma conclusão. O ponto de partida são sempre dados já adquiridos em nossas vivências, e o caminho é o da articulação entre esses dados.

Resumindo, esse movimento do pensamento é feito em dois passos fundamentais:

1) temos sempre pontos de partida, que chamamos de **premissas**, nascidas de nossa observação do mundo, de ideias já adquiridas etc.;

2) relacionando as premissas, obtemos a **conclusão**.

As premissas são a base para tirarmos a conclusão; elas a justificam.

Então, ao analisarmos um argumento, precisamos verificar se há uma boa conexão entre a conclusão e as premissas. Analisemos, por exemplo, o seguinte raciocínio:

Pedro conhece bem a esposa, porque ele é um homem sensível.

Essa frase simples do dia a dia é um argumento (raciocínio), pois não se contenta apenas com uma afirmação, mas procura justificá-la, fornecendo uma razão para afirmar que Pedro conhece bem sua esposa. Analisando-o, precisamos identificar a conclusão e o que a fundamenta (a premissa ou as premissas).

No caso desse exemplo, dizemos "Pedro conhece bem a esposa" com base na explicação "porque ele é um homem sensível". A conjunção "porque" ajuda a identificar a explicação exposta na frase que vem em seguida.

Analisando ainda mais o argumento, podemos nos perguntar: qual o motivo de dizermos que Pedro é sensível, para justificar a conclusão de que ele conhece bem a esposa? Fazemos isso porque assumimos um outro ponto de partida que não está explícito, mas quer dizer: "Todo homem sensível conhece bem a esposa." Esse ponto de partida, embora não explícito, é de fundamental importância, pois permite conectar as ideias e tirar a conclusão. Ele também se chama premissa implícita ou **pressuposto**.

Podemos montar esse raciocínio da seguinte maneira:

> Todo homem sensível conhece bem a esposa [*pressuposto*]
> Pedro é um homem sensível [*premissa explícita*]
> Então, Pedro conhece bem a esposa [*conclusão*]

> Pedro conhece bem a esposa,
> *porque*
> ele é um homem sensível.

O diagrama mostra como, por trás de uma simples frase do dia a dia, há um raciocínio inteiro por fundamento.

Esse é um exemplo muito simples de como podemos analisar os argumentos expressos por opiniões e conhecimentos. Trouxemos à tona todas as ideias que justificam a conclusão e analisamos se essas ideias estão bem conectadas entre si. A conclusão só pode ser aceita (considerada válida) caso as ideias das premissas estejam bem articuladas.

No caso do exemplo anterior, a garantia da validade da conclusão é dada pelo pressuposto. Assim, ao supor que "Todo homem sensível conhece bem a esposa" e ao dizer que "Pedro é um homem sensível", incluímos Pedro entre os homens sensíveis. Essa inclusão permite-nos dizer que, se ele está entre os homens sensíveis, e se os homens sensíveis conhecem bem a esposa, então ele também conhece bem sua esposa.

Essa dinâmica elementar do pensamento não seria respeitada se raciocinássemos da seguinte maneira:

Todo homem sensível conhece bem a esposa.
Pedro conhece bem a esposa.
Então, Pedro é um homem sensível.

Esse raciocínio, embora tenha a aparência de válido, é inválido, pois as ideias das premissas não estão bem articuladas a ponto de garantir a conclusão. Não é porque Pedro conhece bem a esposa que somos autorizados a considerá-lo um homem sensível.

Quando anunciamos o pressuposto "Todo homem sensível conhece bem a esposa", isso não significa que algum homem insensível não possa também conhecer bem sua esposa. É uma afirmação que recobre apenas o conjunto dos homens sensíveis, sem permitir dizer nada além disso. Então, pode ser que algum insensível também conheça bem a esposa. Nada, portanto, garante a conclusão desse segundo exemplo.

No exemplo correto, ocorria algo diferente: ao dizer "Todo homem sensível conhece bem a esposa", nossa afirmação recobre o conjunto de todos os homens sensíveis, e obriga-nos a dizer que, se alguém pertence a esse conjunto, então conhece bem sua esposa. Ora, se Pedro é sensível (pertencendo, portanto, a esse conjunto), então necessariamente temos de afirmar que ele conhece bem sua esposa.

É preciso, portanto, refletir sobre a conexão das ideias expressas nas premissas. Nem tudo o que parece correto o é de fato.

Ao fazermos isso, a ordem histórica dos acontecimentos não é importante. Ocupamo-nos das ideias apenas. Veja o exemplo:

Deve ter chovido recentemente, porque os peixes não estão mordendo a isca.

Se imaginarmos a cena descrita por esse argumento, consideraremos a chuva como a causa do fato de os peixes não morderem a isca. Isso está correto do ponto de vista do acontecimento histórico. Mas o argumento diz outra coisa. Seu objetivo é o de levantar a hipótese de que deve ter chovido recentemente, com base no fato de os peixes não morderem a isca. Seu interesse não é dizer que os peixes não morderam a isca porque choveu. É justamente o contrário: vendo-se que eles não mordem a isca, tem-se base para pensar que choveu recentemente.

Temos, então, a premissa "os peixes não estão mordendo a isca", e a conclusão "deve ter chovido recentemente".

Por sua vez, a premissa implícita ou o pressuposto desse argumento é a afirmação de que, quando chove, os peixes não mordem a isca. Vejamos a montagem do raciocínio:

Sempre que chove, os peixes não mordem a isca. (pressuposto)
Os peixes não estão mordendo a isca. (premissa)
Então, deve ter chovido recentemente. (conclusão)

Esse tipo de raciocínio é muito comum. Toma-se um fato ("Os peixes não mordem a isca") para supor que outro fato o precedeu ("Não deve ter chovido"). Mas nem tudo o que parece "óbvio" no cotidiano traduz-se em um raciocínio seguro. Mesmo que seja verdadeiro que os peixes não mordem a isca quando chove, isso não significa que, se eles não mordem a isca, é porque certamente choveu. Eles podem não morder por outras razões (medo, falta de fome, barulho etc.). Então, a probabilidade afirmada na conclusão não garante a correção total do argumento. Como probabilidade, ela é aceitável, mas nada leva a crer nela necessariamente.

2. O melhor debate filosófico está nas premissas e pressupostos

É no nível dos pressupostos e premissas que podemos ter os melhores debates filosóficos, pois, nesse nível, podemos concordar ou discordar sobre a maneira como se exprime a experiência do mundo, as vivências etc. Aliás, se concordarmos com as premissas e pressupostos, dificilmente poderemos discordar das conclusões. Daí a importância radical da análise dos argumentos.

Para visualizarmos como isso envolve nossa vida concreta, leia a seguinte história, publicada no jornal de uma escola do Ensino Médio:

Sou o Carlos e tenho 17 anos. Outro dia, durante o intervalo, estávamos conversando sobre a eutanásia. A Kátia disse que era contra, porque, assim como não conseguimos criar a vida, também não temos direito de tirá-la. Deveríamos aliviar o sofrimento dos doentes, mas nunca abreviar a vida deles. O Maicon disse que era a favor, porque a eutanásia era um sinal de compaixão pelos doentes, sobretudo quando estes a solicitam livremente. Fiquei confuso e estou me perguntando até agora: se não abreviarmos a vida dos doentes, não praticando a eutanásia, estaremos agindo sem compaixão? E, se quisermos ter compaixão, teremos de praticar a eutanásia? Para piorar, nosso professor de Biologia não conseguiu resolver nossa questão...

A angústia do Carlos é muito verdadeira, pois ele procura entender com clareza o assunto, mas mistura as premissas e pressupostos dos dois raciocínios, sem perceber como eles são muito diferentes e inconciliáveis. Para ficar de um lado ou do outro, era preciso aderir às premissas e pressupostos de cada um. Mas, para dar essa adesão, baseamo-nos em nossas experiências, nossas histórias de vida, nossas maneiras de sentir a vida etc.

E não cabia ao professor de Biologia resolver esse impasse, pois o que está em discussão já não é o dinamismo biológico, e, sim, posições existenciais, éticas, ligadas ao sentido da vida humana. Nesse campo, a palavra cabe mais ao filósofo do que ao biólogo ou qualquer outro profissional. Caso o professor de Biologia de Carlos quisesse esclarecer o dilema, ele teria de assumir uma atitude filosófica, não meramente científica.

Vamos montar os dois raciocínios envolvidos na história e compará-los:

ARGUMENTO DA KÁTIA	ARGUMENTO DO MAICON
É **contra** a eutanásia, porque não temos o direito de tirar a vida de ninguém	É **a favor** da eutanásia, porque é ela um ato de compaixão e de liberdade.
⇩	⇩
Não temos o direito de tirar a vida de ninguém – *Premissa* A eutanásia significa tirar a vida de alguém – *Pressuposto* Então, temos de ser contra a eutanásia – *Conclusão*	É bom ter compaixão e respeitar a liberdade – *Pressuposto* A eutanásia é compaixão e respeito pela liberdade – *Premissa* Então, temos de ser a favor da eutanásia – *Conclusão*

A confusão de Carlos vem do fato de que ele mistura as conclusões, como se fosse possível considerá--las ao mesmo tempo e isoladamente. Na verdade, mais do que se concentrar nas conclusões, ele deveria analisar as premissas: o que leva Kátia a dizer que não temos o direito de tirar a vida de ninguém? Faz sentido sustentar uma ideia como essa? E o que leva Maicon a dizer que a eutanásia representa um ato de compaixão e respeito pela liberdade? Se pôr fim à vida é visto como um ato ruim, por que chamá-lo de compaixão?

É discutindo esses pontos de partida (premissas e pressupostos) que Carlos poderia alcançar uma compreensão melhor do tema. Ele poderia, inclusive, chegar à conclusão de que talvez o debate estivesse malfeito só com essas duas opiniões. Em todo caso, é nesse momento do argumento que podem ocorrer os melhores debates.

3. Montando e desmontando argumentos

Façamos, agora, o exercício de identificar premissas e conclusões nos textos transcritos a seguir, explicitando também quais pressupostos fundamentam os argumentos. Fiquemos atentos às conjunções e expressões que conectam as ideias e frases!

Texto 1

Peça o mesmo para mim, pois amigos devem ter tudo em comum.

Pressuposto: Nós somos amigos.

Premissa explícita: Os amigos devem ter tudo em comum.

Conclusão: Peça o mesmo para mim.

Texto 2

Como nada pode existir antes de si mesmo para se causar, então nada pode ser causa de si mesmo.

Pressuposto: Para que algo seja causa de si mesmo, precisa existir antes de si mesmo, para se causar.

Premissa explícita: Nada pode existir antes de si mesmo para se causar a si mesmo.

Conclusão: Nada pode ser causa de si mesmo.

Texto 3

Se quiser ter certeza da sua opinião sobre uma pessoa, observe qual impressão uma carta escrita por ela causa em você.

Premissa explícita: A impressão causada por uma carta produz a opinião que se tem sobre o autor dela.

Conclusão: Para conhecer a opinião sobre alguém, observe a impressão causada por sua carta.

► Note que este raciocínio é um conselho. Por isso, não demonstra a veracidade da conclusão, mas apenas estabelece uma relação entre a premissa e ela. Cabe ao leitor julgar o que está dito. Porém é importante para nós a análise de um raciocínio como este, para percebermos a estrutura do pensamento que levou alguém a dar esse conselho. Falando rigorosamente, não deveríamos chamar essa máxima de raciocínio, mas o fazemos porque ela também implica uma correlação de ideias.

Texto 4

Como a amizade é uma parceria, o amigo trata seu amigo como trata a si mesmo. Ora, como alguém se satisfaz sabendo de sua própria existência, também se satisfaz sabendo da existência de seu amigo. E isso só se pode saber quando se convive. É por isso que, naturalmente, os amigos procuram o convívio.

▶ Este exemplo contém um conjunto de raciocínios, visando sustentar uma conclusão principal. Para facilitar nossa análise, procuremos identificar essa conclusão para, em seguida, identificar os recursos empregados pelo autor para justificá-la. No caso deste texto, não é difícil identificar a conclusão principal, porque ela está no fim: "Os amigos, naturalmente, procuram o convívio." Então, se reescrevermos o texto de trás para frente, usando a conjunção *porque*, veremos como o autor justifica sua afirmação:

Os amigos procuram o convívio,

porque

é quando se convive que se sabe da existência do amigo;

e *porque*

é sabendo da existência do amigo que alguém fica satisfeito, assim como sabe de sua própria existência;

porque,

assim como alguém se trata a si mesmo, assim também trata seu amigo;

afinal,

a amizade é uma parceria.

Nesse caso, cada uma das conjunções permite identificar um raciocínio. E a conclusão de um raciocínio se torna premissa do que vem em seguida. Seguindo a ordem do texto, temos:

Premissa explícita: A amizade é uma parceria.

Pressuposto: Na parceria, os parceiros tratam um ao outro como tratam a si mesmos.

Conclusão 1: O amigo trata seu amigo como trata a si mesmo.

Premissa explícita: O amigo trata seu amigo como trata a si mesmo.

Premissa explícita: Alguém se satisfaz sabendo de sua própria existência.

Conclusão: O amigo também se satisfaz ao saber da existência do seu amigo.

Premissa explícita: O amigo se satisfaz ao saber da existência do seu amigo.

Premissa explícita: É quando se convive que se sabe da existência do amigo.

Conclusão: Naturalmente, os amigos procuram o convívio.

Essas estratégias de montar e desmontar raciocínios refletem nossa maneira de pensar. Também podemos dizer que nelas resume-se a **metodologia da argumentação filosófica.** Evidentemente, definir a metodologia filosófica é algo muito mais complexo, mas, de modo geral, a atitude filosófica consiste em analisar a estrutura das afirmações e negações que fazemos em nossa leitura do mundo. É assim que desocultamos o que é implícito nos discursos, nas ações etc.

Há filósofos que defendem tipos não raciocinativos de argumentação (preferem formas de convencimento por imagens, intuições poéticas, metáforas etc.), mas, sempre que se procura justificar uma opinião ou qualquer forma de conhecimento, operamos com premissas e pressupostos. Explicitar esses mecanismos e interpretar nossa experiência do mundo são tarefas da atividade filosófica.

Vejamos, então, os tipos de raciocínio possíveis.

4. Tipos de raciocínio

É mais ou menos consensual entre os filósofos que nossas maneiras de raciocinar são cinco:

(a) partimos de experiências parecidas e repetidas, para extrair uma conclusão provável. Por exemplo, depois de ver que várias porções de água fervem a 100°C, fazemos uma frase geral, dizendo que "Toda porção de água ferve a 100°C". Às vezes, já com certa experiência no uso de uma conclusão geral, prevemos que casos particulares vão ocorrer. Por exemplo: "Como sabemos que chove quando há nuvens carregadas, concluo que irá chover, porque estou vendo nuvens carregadas." A esse tipo de procedimento raciocinativo chamamos INDUÇÃO;

(b) outras vezes, partimos de certos dados já conhecidos e tiramos as consequências que estão implícitas neles. Por exemplo, ao dizer a frase "Todos os seres humanos são mortais" e ao acrescentar que "Sócrates é um ser humano", não precisamos fazer grandes esforços para ver que o nome "Sócrates" estava incluído no sujeito da primeira frase. A esse raciocínio, que das premissas extrai uma conclusão necessária (pois as premissas são contidas num princípio geral), chamamos DEDUÇÃO;

(c) outras vezes, ainda, guiando-nos pela sensibilidade para com certos sinais aparentemente não relacionados, chegamos a conclusões que fazem sentido, por exemplo, como age um detetive ou como age o cientista no momento em que "cria" novas hipóteses indutivas. A esse procedimento chamamos ABDUÇÃO;

(d) podemos, ainda, estabelecer comparações explicativas entre situações distintas e raciocinar, então, por analogia. Por exemplo, dizemos que, "assim como um ser humano tem boa saúde quando se alimenta bem, esses alimentos também devem ser saudáveis". A rigor, "saúde" e "doença" são termos atribuídos a seres humanos, mas, como os alimentos causam a saúde do ser humano, dizemos, por analogia, que eles também são "saudáveis". A essa maneira de raciocinar chamamos ANALOGIA;

(e) algumas vezes, ainda, quando não somos conhecedores de determinado assunto, confiamos na palavra de quem conhece esse assunto. Isso ocorre, por exemplo, quando confiamos na palavra de um médico, de um cientista etc. A esse procedimento argumentativo chamamos ARGUMENTO DE AUTORIDADE.

Esquematizando, nossas maneiras de pensar com argumentos racionais são cinco:

RACIOCÍNIO
1 Indução
2 Dedução
3 Abdução
4 Analogia
5 Argumento de autoridade

Nosso objetivo, aqui, não é estudar os aspectos técnicos desses procedimentos, mas apenas dar indicações práticas que nos sensibilizem para a estrutura dos raciocínios em geral. No final deste livro, indicamos alguns títulos que podem conduzir o leitor por caminhos mais específicos.

Façamos, então, o exercício de identificar os argumentos abaixo:

Raciocínio 1

Os humanos são mortais porque são animais; e todo animal é mortal.

Trata-se de um exemplo claro de dedução ou raciocínio dedutivo, pois partimos de um princípio geral, expresso pela última frase (*Todo animal é mortal*) e mostramos que o caso dos humanos, expresso pela primeira frase (*Os humanos são animais*), pertence a esse princípio, de maneira que esse pertencimento permite obter a conclusão (*Os humanos são mortais*).

Raciocínio 2

O remédio x fez Pedro melhorar do estômago. O mesmo remédio fez Ana melhorar do estômago. O mesmo remédio fez Carlos melhorar do estômago. O mesmo remédio fez duas mil pessoas melhorar do estômago. Então, conclui-se que o remédio x faz bem para o estômago.

Este é um exemplo de indução, pois, com base em observações particulares, tira uma conclusão provável, não necessária. Como se pode imaginar, é um raciocínio que pode ser frágil, porque nada garante que o remédio x fará bem para o estômago de todos os seres humanos. Sempre poderá haver um caso em que o remédio não fará o mesmo efeito. Mas isso não nos impede de tirar a conclusão de que esse remédio é útil, de maneira geral, para o estômago.

Raciocínio 3

Se todo chá é diurético, então este chá preto ajudará a otimizar o funcionamento de meus rins.

Exemplo de raciocínio indutivo, pois prevê o mesmo efeito com base na experiência obtida por repetição e expressa na afirmação de que todo chá é diurético.

Raciocínio 4

"Suspeitando" que a substância x poderia combinar com a substância y, o químico decidiu testar a combinação. Verificando que deu certo, testou mais um grupo de substâncias parecidas com y. Concluiu que x combinava com y.

Neste exemplo, temos um caso de indução, que experimenta vários casos e tira a conclusão de que uma substância qualquer, chamada de x, combina com uma outra, chamada de y. Mas o início dessa indução foi uma abdução, num momento mais ou menos intuitivo, quando o químico "suspeitou" que x combinaria com y e "inventou" uma hipótese (ou a descobriu mais ou menos intuitivamente).

Raciocínio 5

João afirma, com base nas pesquisas de alguns historiadores, que os vikings tiveram uma passagem pela América do Norte, muito antes do descobrimento do continente americano.

Neste exemplo, temos um caso de argumento de autoridade, pois João não demonstra sua afirmação com elementos que algum interlocutor possa avaliar; talvez nem mesmo João possa avaliar as razões para afirmar essa tese, pois não é historiador nem conhece os documentos históricos originais. Então, confia na palavra e no reconhecimento acadêmico desses cientistas, para repetir a tese por eles apresentada.

Raciocínio 6

Assim como um relógio é sinal de que há um relojoeiro, também o mundo é um sinal de que há um criador.

Este é um caso de raciocínio por analogia, pois não debate razões para afirmar a existência de um criador, mas se fundamenta no fato de que, assim como um relógio não se produziria a si mesmo, mas precisa de um relojoeiro para existir, assim também o mundo não se teria produzido a si mesmo, mas teria necessitado de um criador para existir.

5. Analisando textos

Os argumentos ou raciocínios aparecem em debates, conversas etc. No trabalho filosófico, a principal fonte para conhecer os argumentos são os textos escritos. Também houve pensadores que preferiram exprimir seu pensamento pela pintura, como ocorreu no Renascimento, por exemplo, ou por meio de formas literárias diversas, como sempre ocorreu na história da Filosofia. Mas a forma mais comum é o texto escrito, no qual se apresentam as razões que sustentam as teses de cada autor.

Por isso, a quem se aproxima da reflexão filosófica é necessário conhecer o mecanismo da análise de textos, assim como se dá com os argumentos. Na verdade, o primeiro trabalho filosófico consiste em identificar os argumentos presentes nos textos, a fim de discutir seus pressupostos, premissas e conclusões.

Ao nos aproximarmos de um texto, devemos, antes de tudo, deixá-lo "falar". Em outras palavras, isso quer dizer que, antes de o interpretarmos ou de darmos nossa opinião sobre ele, devemos lê-lo e entendê-lo segundo a maneira como seu autor o construiu.

Vemos que a maioria das pessoas, quando lê um texto, já começa a falar sobre ele. Muitas vezes, elas nem sequer o entenderam segundo a ordem das razões do autor. Isso não é aceitável na atividade filosófica. Por isso, propomos cinco passos para a análise:

O *primeiro passo* consiste em ler o texto inteiramente, mesmo que não entendamos tudo o que lemos. É claro que, em se tratando de um livro, devemos ir por partes (por capítulos ou por parágrafos). Nessa primeira leitura, devemos procurar identificar o assunto central do texto e fazer o levantamento do vocabulário que não conhecemos, marcando e anotando os termos desconhecidos.

O *segundo passo* consiste em buscar o sentido dos termos desconhecidos. É preciso notar se o próprio texto não explica o termo, pois, muitas vezes, a definição é dada por ele mesmo. Se o texto não explica um termo, então recorremos a um bom dicionário da Língua Portuguesa, e, se necessário, a um bom dicionário de Filosofia.

O *terceiro passo* consiste em reler o texto, em ritmo mais lento, para identificar os argumentos ou raciocínios do autor (seus pressupostos, premissas e conclusões). É nesse ponto que começamos a comparar nossas experiências do mundo com as experiências do autor. Chamamos a esses argumentos ou raciocínios "movimentos" do texto, pois representam os movimentos do pensamento do autor. O conjunto desses movimentos compõe o texto.

O *quarto passo* consiste em enumerar esses movimentos, identificando a estrutura geral ou a armação do texto. Trata-se de uma visão de conjunto muito esclarecedora.

O *quinto passo* consiste em relacionar o texto analisado com o restante da obra do filósofo e com o contexto histórico por ele vivido, pois isso amplia nossa compreensão, na medida em que podemos ver correlações com fatos, pessoas, teorias etc., importantes para esclarecer o pensamento do autor estudado. Isso não equivale a explicar o texto em função do contexto, como se alguém pensasse o que pensa apenas porque, no mundo da sua época, ocorresse alguma coisa que o determina. Se fosse assim, muitos filósofos e cientistas não se teriam adiantado com relação a seu tempo. Trata-se apenas de, com o auxílio de dados já bem assentados (históricos, culturais, sociológicos etc.), estabelecer conexões que aprofundem a compreensão do texto.

Eis os cinco passos na análise de textos:

(1) **leitura** do texto, identificando o assunto principal e levantando o vocabulário desconhecido;

(2) checagem do **vocabulário**, no próprio texto ou num bom dicionário;

(3) identificação dos **argumentos** do autor;

(4) enumeração dos **movimentos** do texto;

(5) **correlação** do texto com o seu contexto histórico.

Somente após esse trabalho de análise que poderemos dispor do texto para interpretá-lo, concordando com ele ou discordando dele. Como dissemos, as pessoas estão acostumadas a ler um texto e a logo falar dele, encaixando-o num padrão preconcebido por elas. Mas, para entender de fato um texto, é preciso ter a paciência de descobrir seu mecanismo, sua estrutura.

Façamos, então, o exercício de analisar um trecho extraído do capítulo 5 do livro intitulado *Discurso do método*, de René Descartes (1596-1650):

Por esses dois meios, podemos conhecer a diferença que reside entre os homens e os animais: é uma coisa bem observável o fato de não existirem homens tão alucinados nem tão estúpidos – incluindo mesmo os doentes mentais –, que não sejam capazes de ajuntar algumas palavras e de compor com elas um discurso pelo qual tornem compreensíveis seus pensamentos. Por outro lado, também é observável que nenhum outro animal é tão perfeito e tão bem produzido, que pudesse ser semelhante ao homem. E isso não acontece porque lhes faltam órgãos, afinal, vemos que as pegas e os papagaios podem dizer palavras tanto quanto nós, mas não podem falar como nós falamos, ou seja, falar dando uma prova de que eles pensam o que dizem. Isso não mostra somente que os animais têm menos razão do que os homens, mas que eles não têm nada parecido com uma razão.

DESCARTES, R. *Discurso do método*, 5ª parte, § 11. Trad. Juvenal Savian Filho, a partir da edição Gallimard (Paris, 2009).

1º passo

1.1 Lendo o texto todo, vemos que seu assunto principal é a diferença entre os seres humanos e os animais. Isso quer dizer que o autor, René Descartes, procura saber o que torna os humanos diferentes dos animais.

1.2 Quanto ao vocabulário, não há dificuldades, pois os termos são bem conhecidos, com exceção apenas do termo "pegas" (pronuncie /pêgas/).

2º passo

2.1 Se procurarmos no dicionário o termo "pega", veremos que é o nome de um pássaro típico da Europa e pertencente à família dos corvídeos. No cerrado brasileiro, encontra-se a gralha-do-campo, parecida com ele. Certamente, com uma pesquisa na internet, pode-se visualizar o pássaro mencionado por Descartes (em francês – que é a língua do autor do texto – este pássaro se chama *pie*). Ao depararmos com seu nome no texto, prestamos mais atenção no exemplo. Aliás, vemos que há dois exemplos, o das pegas e o dos papagaios. Descartes cita os papagaios para falar dos animais que podem imitar a voz humana. Quanto às pegas, ele as cita porque elas costumam imitar barulhos fortes, lembrando gritos humanos. Descartes quer dizer que tanto os papagaios como as pegas podem nos imitar, mas não são capazes de organizar as palavras, produzindo um discurso concatenado, como nós fazemos.

2.2 Pensando ainda no vocabulário, também vale a pena prestar atenção na diferença estabelecida por Descartes entre "seres humanos alucinados" e "seres humanos estúpidos". Uma pessoa alucinada é alguém alterado, com suas capacidades mentais fora do estado normal; já uma pessoa estúpida é alguém que insiste em não usar suas capacidades mentais. Ao procurar entender o sentido desses exemplos, veremos que mesmo uma pessoa que não usa suas capacidades mentais pode tentar organizar as palavras para traduzir seus pensamentos. No caso de um doente mental, vemos que ele tenta exprimir os conteúdos de sua mente, embora esta se encontre perturbada. Isso tudo não ocorre com os animais, pois eles imitam sons sem pensar.

O ser humano é diferente; ele concebe, antes, em sua mente, o que depois exprime pela linguagem.

3º passo

Buscando conhecer os argumentos do autor, vemos que eles consistem basicamente em dois. Ele inicia o texto dizendo que seu objetivo é tratar da diferença entre seres humanos e animais, para depois raciocinar da seguinte maneira:

(a) observamos que os seres humanos são capazes de ajuntar palavras e compor com elas um discurso para exprimir seus pensamentos;

(b) observamos também que nenhum animal pensa o que diz (confirmação pelo exemplo do papagaio e das pegas, que apenas imitam sons).

Esses dois raciocínios consistem em induções, obtendo a mesma conclusão: a diferença existente entre seres humanos e animais está na capacidade de pensar antes aquilo que se exprime pela linguagem, ou seja, na capacidade de organizar um discurso com palavras articuladas.

4º passo

Ao enumerar os movimentos do texto, veremos que o pensamento do autor estrutura-se em quatro movimentos. Acompanhemo-los:

{*Por esses dois meios*, podemos conhecer a diferença que reside entre os homens *e os animais*:}

{*é uma coisa* bem observável o fato de não existir homens tão alucinados nem tão estúpidos – incluindo mesmo os doentes mentais –, que não sejam capazes de ajuntar algumas palavras e de compor com elas um discurso pelo qual tornem compreensíveis *seus pensamentos*.}

{*Por outro lado*, também é observável que nenhum outro animal é tão perfeito e tão bem produzido, que pudesse ser semelhante ao homem. E isso não acontece porque lhes faltam órgãos, afinal, vemos que as pegas e os papagaios podem dizer palavras tanto quanto nós, mas não podem falar como nós falamos, ou seja, falar dando uma prova de que eles *pensam o que dizem*.}

{*Isso não mostra* somente que os animais têm menos razão do que os homens, mas que eles não têm nada parecido *com uma razão*.}

1º movimento: começa com "Por esses dois meios" e vai até "e os animais" – nesse movimento, Descartes anuncia o assunto de que vai tratar no texto, ou seja, aquilo que diferencia os homens dos animais. O movimento termina por dois-pontos; isso quer dizer que mostrará em seguida essa diferença.

2º movimento: começa em "é uma coisa" e vai até "seus pensamentos" – nesse movimento, Descartes diz que todos podem observar a característica própria do ser humano, ou seja, a capacidade de organizar as palavras e formar um discurso, um conjunto de palavras relacionadas entre si e com sentido. Os discursos exprimem os pensamentos humanos.

3º movimento: começa com "Por outro lado" e vai até "pensam o que dizem" – com esse movimento, Descartes faz um contraponto ao movimento anterior, mostrando, agora, que nenhum animal, mesmo o mais perfeito, é capaz de fazer o que o ser humano faz, isto é, pensar antes de dizer. O exemplo do papagaio e da pega confirma que, no máximo, esses pássaros nos imitam, mas não são capazes de conceber um pensamento e exprimi-lo com palavras articuladas. Eles têm ainda, no dizer de Descartes, os órgãos da fala, mas não têm a capacidade de pensar.

4º movimento: começa com "isso não mostra" e vai até "com uma razão" – com esse movimento final, Descartes sintetiza sua observação dizendo que os animais não têm nada parecido com o que nós temos, ou seja, a capacidade de conceber, pensando, aquilo que exprimimos pelas palavras. Nesse movimento, ele dá um nome específico para essa capacidade: "razão". Se compararmos esse movimento com o primeiro, veremos que, no fundo, eles dizem a mesma coisa, afirmam que há uma diferença entre seres humanos e animais. O que o último movimento tem a mais é que ele dá um nome para essa diferença: "razão".

Ao fazer um pequeno resumo do texto, podemos basear-nos nesses quatro movimentos, dizendo: "Descartes busca na observação empírica a diferença entre os seres humanos e os animais. Fazendo isso, ele constata, por um lado, que os seres humanos podem construir um discurso articulado, e, por outro lado, que os animais apenas imitam sons humanos, sem exprimir um pensamento por meio de palavras. Assim, Descartes conclui que essa capacidade distingue os humanos dos animais, e a ela denomina razão."

5º passo

Se estudarmos um pouco mais sobre a filosofia de Descartes, veremos que ele viveu no século XVII, num momento em que as ciências modernas começavam a consolidar-se. As ciências modernas insistem fortemente nos procedimentos matemáticos como modelo de pensamento e na necessidade das experiências empíricas como fonte para a construção de toda e qualquer visão de mundo. É por isso que Descartes insiste na observação sensível para estabelecer a diferença entre os seres humanos e os animais. Se estudarmos mais esse contexto, veremos como cresce nossa compreensão do texto de Descartes.

Esses cinco passos mostram a utilidade do método de análise, pois entendemos o texto a partir dele mesmo, num esforço por não transferir para ele apenas aquilo que queremos ver.

Um químico, quando pretende analisar uma substância, divide-a nas partes que a compõem, para, compreendendo cada parte, ter maior compreensão do todo.

Tomemos, então, como orientação de nosso trabalho a regra de "dividir para unir": se dividirmos os textos filosóficos nas suas partes (ou seja, nas unidades de
raciocínio que eles contêm), será mais fácil nossa compreensão do conjunto. Essa estratégia pode ser usada
tanto nos textos escritos como nos falados, ou seja,
quando lemos um texto escrito ou quando ouvimos alguém defender uma teoria ou opinião.

Façamos o exercício de analisar a argumentação
presente no texto abaixo:

**"O homem é um animal político", de Aristóteles
(385-322 a.C.).**

O homem é um animal político, mais do que qualquer
abelha ou qualquer outro animal gregário. Afinal, como
dizemos com frequência, a Natureza não faz nada em vão.
E somente os homens, entre os animais, são dotados da
fala. É verdade que a voz serve para significar a dor e o
prazer, e é por isso que a encontramos também nos animais: sua natureza se elevou até a capacidade de perceber dor e prazer, e de significá-los. Mas a fala existe para
manifestar o útil e o nocivo, e também, por conseguinte,

o justo e o injusto. Por isso, há uma só coisa, típica dos seres humanos, que os separa dos animais: a percepção do bem e do mal, do justo e do injusto, e de outras noções como essas. E o fato de que essas noções são possuídas em comum é que dá origem às famílias e às cidades.

> ARISTÓTELES. *Política* (1252b27-1253a30). Trad. Juvenal Savian Filho, a partir da versão francesa de P. Pellegrin (Paris: Flammarion, 1990).

Esse é um texto muito bom para provocar debates. Certamente, depois da primeira leitura, já temos vontade de dar nossa opinião, a favor ou contra Aristóteles. Mas, para assumir uma atitude autenticamente filosófica, precisamos aprofundar nossa compreensão, deixando o texto falar primeiro. Uma simples leitura não basta para perceber as conexões estabelecidas entre as ideias expostas pelo filósofo. É preciso analisar seus argumentos.

Seguindo os cinco passos da análise de textos apresentados anteriormente, temos:

1º passo

1.1 Assunto principal: para Aristóteles, o ser humano é um animal político, e, pelo que percebemos do texto, ser um animal político não significa apenas levar uma vida coletiva, mas ter uma percepção comum das noções morais ou éticas.

1.2 Quanto ao vocabulário, talvez tenhamos problemas com o termo "gregário". Mas também podemos prestar atenção nos termos "nocivo", "percepção" e "noção".

2º passo

Consultando um bom dicionário, vemos que os sentidos mais adequados ao texto são: "gregário = social, que vive em grupo"; "nocivo = prejudicial"; "percepção = conhecimento, identificação"; "noção = pensamento, ideia". Vale também prestar atenção no termo "político", que, de acordo com o texto, indica aqueles seres que dependem de seu grupo para sobreviver e têm uma percepção comum das noções morais. A partir dessa ideia é que Aristóteles falará das formas de governo etc. Não podemos influenciar-nos pela maneira comum de falar, associando "político" apenas com membros de partidos. Estamos falando da nossa dependência dos outros seres humanos para viver e perceber o que é bom para nós. Esse é o sentido dado por Aristóteles à política.

3º passo

Buscando os raciocínios do autor, vemos que ele começa seu texto afirmando que o homem é um animal político e justifica dizendo que é pelo fato de os seres humanos possuírem noções morais (como o bom e o mau, o justo e o injusto) que eles se reúnem em famílias e cidades. Essas noções são expressas pela fala, diferentemente do ocorrido com os animais, que só possuem voz, instrumento para manifestar apenas dor ou prazer. Como haveria uma finalidade na Natureza (expressa pela frase: "A Natureza não faz nada em vão"), os seres humanos seriam políticos por natureza, ou seja, sua finalidade estaria na sua realização por meio da vida comum. Organizando os raciocínios de Aristóteles, teríamos:

Premissa explícita 1: A Natureza não faz nada em vão. [Esta premissa rege todos os argumentos]

Pressuposto: A voz é produzida pela Natureza.

Premissa explícita 2: A voz serve para significar a dor e o prazer.

Premissa explícita 3: Os animais manifestam dor e prazer.

Conclusão 1: Os animais, pela produção da Natureza, possuem voz.

Premissa explícita 4: A fala existe para manifestar o útil e o nocivo, o justo e o injusto (noções morais).

Premissa explícita 5: Os seres humanos manifestam a percepção dessas noções.

Conclusão pressuposta: Os seres humanos possuem naturalmente fala.

Pressuposto: Os animais não possuem fala, porque não têm noções morais.

Conclusão 2: Apenas os seres humanos possuem fala (manifestam noções morais).

Conclusão 3: A fala é o que distingue os seres humanos dos animais.

Premissa explícita 6: As noções morais são possuídas em comum.

Pressuposto: A vida comum equivale à vida em família e em cidades.

Conclusão 4: A percepção das noções morais dá origem às famílias e cidades.

Pressuposto: A percepção comum das noções morais é um sinal mais forte de natureza política.

Premissa explícita 7 (= Conclusão 4): Os seres humanos possuem em comum as noções morais.

Conclusão 5 (principal): O homem é um animal político mais do que qualquer animal gregário.

4º passo

A maneira como Aristóteles compõe esse texto dificulta um pouco a identificação de movimentos, pois suas conclusões estão todas entrelaçadas. Guiando-nos pelos raciocínios que identificamos anteriormente, podemos dividir o texto em quatro movimentos:

> {O homem é um animal político, mais do que qualquer abelha ou qualquer outro animal gregário.}
>
> {Afinal, como dizemos com frequência, a Natureza não faz nada em vão. E somente os homens, entre os animais, são dotados da fala. É verdade que a voz serve para significar a dor e o prazer, e é por isso que a encontramos também nos animais: sua natureza se elevou até a capacidade de perceber dor e prazer, e de significá-los. Mas a fala

existe para manifestar o útil e o nocivo, e também, por conseguinte, o justo e o injusto.}

{Por isso, há uma só coisa, típica dos seres humanos, que os separa dos animais: a percepção do bem e do mal, do justo e do injusto, e de outras noções como essas.}

{E o fato de que essas noções são possuídas em comum é que dá origem às famílias e às cidades.}

1º movimento: Aristóteles apresenta, de início, a ideia que pretende defender, ou seja, sua concepção do homem como um animal político. Ele o faz por contraposição às abelhas e a outros animais também conhecidos por sua vida grupal. O ser humano, no dizer do filósofo, seria mais político do que qualquer animal gregário. Na realidade, essa é a conclusão de Aristóteles. Ele a adianta, para justificá-la no decorrer do texto.

2º movimento: Aristóteles busca provar sua afirmação. Ele chega mesmo a iniciar a frase pela palavra "afinal", indicando sua intenção de dizer o que tinha em mente quando fez a afirmação inicial. Nesse movimento, ele contrapõe voz e fala, animais e seres humanos.

3º movimento: Aristóteles estabelece a diferença entre seres humanos e animais em torno da fala como expressão de noções morais.

4º movimento: Aristóteles amplia a discussão inicial, mostrando que a origem da política está na percepção comum das noções morais. Isso equivale também a uma retomada da afirmação inicial, feita no primeiro movimento, porque explicita a diferença entre a vida comum dos humanos e a vida comum dos animais. Nestes, a vida comum não significa política, diferentemente dos seres humanos, pois, no caso dos humanos, a vida comum não nasce de instintos básicos, como nos animais, mas principalmente da percepção comum das noções morais.

5º passo

Agora, podemos dar o quinto passo e inserir Aristóteles em seu contexto. Veremos que ele viveu num momento muito fértil, quando os gregos estavam dando acabamento a uma invenção iniciada havia alguns séculos por eles mesmos: a política. Se estudarmos a organização e o funcionamento das cidades-estado gregas, com um pouco também das filosofias de outros pensadores, principalmente dos sofistas e de Platão, ampliaremos nossa compreensão do texto de Aristóteles.

Agora, faça o exercício de analisar a argumentação dos textos a seguir, seguindo os cinco passos aqui apresentados. No final da análise de todos eles, compare as ideias sobre os seres humanos contidas em cada um. Bom trabalho!

Eis os textos:

"É o medo que produz a vida em sociedade", de Thomas Hobbes (1588-1679).

Se analisarmos de perto as causas pelas quais os homens se reúnem e formam uma sociedade comum, veremos que isso só ocorre por acaso, e não por uma disposição necessária da Natureza. Com efeito, se os homens se amassem naturalmente entre si, não teria motivo para que não amássemos o primeiro que aparecesse. Não haveria escolha nem preferência. Porém o fato é que não procuramos companheiros por algum instinto da Natureza, mas pela honra e utilidade que eles nos proporcionam. Se nos aproximamos de alguém por obrigação ou por boas maneiras, não há verdadeira amizade, como acontece no palácio, onde muitas pessoas rivalizam e têm medo umas das outras mais do que se amam.

> HOBBES, T. *O cidadão*. Trad. livre
> Juvenal Savian Filho, a partir da versão
> francesa de Sorbière (Paris: Flammarion, 1982).

"A origem das línguas", de Jean-Jacques Rousseau (1712-1778).

O efeito natural das necessidades básicas foi separar os homens; não aproximá-los. Daí segue que a origem das línguas não é devida às necessidades básicas dos homens. Seria absurdo que da causa que os separa viesse o meio que os une. De onde, então, pode vir essa origem? Das necessidades morais, das paixões. Todas as paixões aproximam os homens que, pela necessidade de ganhar a vida, são forçados a fugir. Não foi nem a fome nem a sede, mas o amor, o ódio, a piedade, a cólera que lhes arrancaram as vogais. Os frutos não escapam das nossas mãos; podemos alimentar-nos deles sem falar. Perseguimos em silêncio uma presa que queremos abater. Mas, para emocionar um coração jovem ou para afastar um agressor injusto, a Natureza nos dita sotaques, gritos, lamentos.

> ROUSSEAU, J.-J. *Ensaio sobre a origem das línguas*, cap. 2. Trad. Juvenal Savian Filho, a partir da edição Harmattan, 2009.

"O Estado e a vida social", de Simone Weil (1909-1943).

Como certas funções do Estado servem ao interesse de todos, temos o dever de aceitar de bom grado o que o Estado impõe em relação a essas funções. (Exemplo: regulamentação do trânsito.) Quanto ao resto, é necessário sofrer o Estado como uma necessidade, mas não aceitá-lo dentro de nós. Temos com frequência muitas dificuldades nele, principalmente quando fomos educados numa certa atmosfera. Devemos recusar reconhecer as recompensas, utilizar ao máximo todas as liberdades que o Estado nos deixa. Também temos o direito de usurpar, contra a lei, as liberdades que o Estado não nos deixa, desde que isso valha a pena. Temos o dever, quando as circunstâncias nos permitem escolher entre vários regimes, de escolher o menos ruim. O Estado menos ruim é aquele em que somos menos limitados pelo Estado e aquele no qual os simples cidadãos têm maior poder de controle (descentralização; caráter público e não secreto dos negócios do Estado; cultura de massa). Temos o dever de trabalhar pela transformação da organização social: aumento do bem-estar material e instrução técnica e teórica das massas.

> WEIL, S. *Aulas de Filosofia* II, 5. Adapt. da trad. bras. (Campinas: Papirus, 1991).

"O homem se conhece pelo diálogo", Martin Buber (1878-1965).

Tomemos o caso de uma conversa verdadeira (quer dizer, uma conversa cujos participantes não se apegam a posições estabelecidas de antemão, mas que é espontânea, com cada um dirigindo-se diretamente a seu interlocutor, provocando nele uma resposta imprevisível), de uma aula verdadeira (quer dizer, não uma aula repetida mecanicamente, nem aquela cujo resultado já é conhecido pelo professor, mas uma aula que se desenvolve com surpresas tanto da parte do professor como dos alunos), de um abraço verdadeiro, e não de pura formalidade, uma correlação de verdade, e não uma mera simulação: em todos esses casos, o essencial não ocorre em um ou outro participante, tampouco em um mundo neutro que envolve os dois lados, mas, num sentido preciso, "entre" os dois lados, numa dimensão a que apenas os dois têm acesso. É unicamente na relação viva que podemos reconhecer imediatamente a essência peculiar do homem. O gorila também é um indivíduo; um cupinzeiro também é uma coletividade. Mas o "eu" e o "tu" só acontecem no nosso mundo porque o homem e o "eu" existem através da relação com o "tu". Podemos dirigir-nos ao indivíduo e reconhecê-lo como homem segundo as suas possibilidades de relação; podemos dirigir-nos à coletividade e reconhecê-la como o homem segundo sua plenitude de relação.

BUBER, M. *O problema do homem.* Conclusão. Trad. Juvenal Savian Filho, a partir da edição mexicana (*Que és el hombre?* Cidade do México: FCE, 2002).

6. Textos aforismáticos

Para concluir, é útil saber que nem todos os textos filosóficos contêm uma argumentação explícita. Alguns deles são propositalmente escritos na forma de aforismos, ou seja, de afirmações sucintas e diretas do pensamento de um autor. Para serem compreendidos, exigem que os situemos no conjunto da obra do seu autor, do contexto vivido por ele etc. Muitas vezes, a compreensão dos aforismos de certos autores exige o conhecimento da literatura produzida por especialistas.

Vejamos um exemplo clássico, extraído dos *Pensamentos*, de Blaise Pascal (1623-1662):

O coração tem razões que a razão desconhece; vemos isso em muitas ocasiões. Digo que o coração ama o ser universal naturalmente, e ama a si mesmo naturalmente, conforme se entrega a ambos. Mas também, quando quer, endurece-se contra um ou contra outro. Você deixou um e escolheu outro: é seguindo a razão que você se ama?

PASCAL, B. *Pensamentos* 277 [8].
Trad. Juvenal Savian Filho, a partir
da edição Gallimard (Paris, 2004).

Apenas para explorarmos o exemplo, insistamos brevemente sobre a frase inicial, pois ela é muito citada, em diferentes contextos, como se Pascal tivesse falado em favor dos sentimentos e contra a nossa capacidade racional. Mas, lido isoladamente, o aforismo é quase incompreensível, sobretudo se nos atemos à comparação entre um amor pelo ser universal e um amor por si mesmo. De que estaria falando Pascal?

A melhor maneira de interpretar esse texto é correlacioná-lo com os outros textos de Pascal, registrados no mesmo estilo e recolhidos na obra intitulada *Pensamentos*. No texto de número 282, Pascal esclarece o que tem em mente quando fala do coração. Não se trata apenas dos sentimentos, e a prova é que ele associa o coração com os conhecimentos matemáticos. No seu dizer, quando aceitamos os princípios fundamentais da matemática, não o fazemos porque nossa razão os demonstra, afinal ela não é capaz de demonstrar o que parece evidente. Então, nós aceitamos tais princípios, como ocorre numa experiência de fé, e essa experiência vem do coração. Isso mostra que na raiz mesma da matemática, conhecimento racional modelar, não estariam a razão e a reflexão, mas o coração e a intuição.

Isso ocorreria em muitos outros domínios da vida humana, como é o caso de quem opta por um amor universal ou por um amor por si mesmo. Essa opção não é racional, mas nasce das profundezas de nosso coração, de nossa vida interior, que não se reduz aos raciocínios.

Procurando ler o conjunto dos *Pensamentos* de Pascal e mesmo algumas obras que apresentem sua filosofia, nossa compreensão pode alargar-se muito, diferentemente do caso de ficarmos apenas reduzidos ao fragmento isolado.

7. Redigindo textos filosóficos

Ao redigir um texto com tema filosófico, é útil ter clareza sobre os argumentos que construímos. Então, devemos refletir primeiro e montar raciocínios que provem nossas conclusões. Devemos fazer o mesmo quando defendemos oralmente nossos pensamentos. O esmero na demonstração é a característica fundamental de um texto filosófico. Aliada a isso está a qualidade da redação, que devemos treinar junto com o bom conhecimento da norma culta de nosso idioma.

Uma sugestão para redigir textos filosóficos é fazer sempre um **plano** da redação, um esquema, para somente depois produzir o conjunto de argumentos. A dissertação será, então, o resultado final do conjunto de argumentos.

Como exemplo, tomemos o texto de Aristóteles citado anteriormente e intitulado "O homem é um animal político". Se quiséssemos escrever um texto como aquele, teríamos, antes, de pensar no seguinte caminho ou esquema:

(1) Apresentar a ideia que pretendemos defender (exemplo: dizer que o homem é um animal político);

(2) Provar a ideia (exemplo: utilizar o recurso da comparação entre voz e fala, animal e homem);

(3) Desenvolver o tema (exemplo: explicitar a diferença entre animal e homem);

(4) Concluir (exemplo: tirar as consequências da ideia inicial, explicitando a noção de "política").

Evidentemente, as redações mudarão muito, segundo o que se espera de cada texto. Mas pense sempre que um plano ou esquema auxiliará você a organizar suas ideias antes de registrá-las por escrito. Assim como buscamos entender as articulações de argumentos nos textos que lemos, também devemos cuidar para bem articular as ideias e argumentos nos textos que produzimos.

DICAS DE VIAGEM

Damos aqui algumas dicas de material que você pode utilizar em sua formação filosófica ou simplesmente na sua atividade de leitura de textos filosóficos.

Sobre o tema da análise dos textos, há um artigo clássico, fundamental para os que desejarem aperfeiçoar-se na metodologia filosófica. Trata-se do Apêndice publicado no livro de Victor Goldschmidt, intitulado *A religião de Platão*. Eis a referência:

GOLDSCHMIDT, V. "Tempo histórico e tempo lógico na interpretação dos sistemas filosóficos". In: GOLDSCHMIDT, V. *A religião de Platão*. Trad. Leda e Oswaldo Porchat Pereira. 2ª ed. São Paulo: Difel, 1970, pp. 139-47.

Um texto mais acessível e que distingue bem análise, comentário e interpretação de texto é:

VIEIRA NETO, P. "O que é análise de texto?". In: FIGUEI-
REDO, V. (org.). *Seis filósofos na sala de aula*. São
Paulo: Berlendis & Vertecchia, 2006.

Um artigo que exige maior fôlego do leitor, mas é
muito enriquecedor, por até debater a natureza da atividade filosófica, é:

RIBEIRO DE MOURA, C. A. "História *stultitiae* e história *sa-
pientiae*". In: *Discurso – Revista do Departamento de Filosofia da USP*. São Paulo: Polis, 1988, volume 17, pp.
151-71. (Este artigo pode ser consultado gratuitamente
no *site* da revista *Discurso*: www.fflch.usp.br/df/site/
publicacoes/discurso.php.)

A seguir, mais algumas sugestões de material útil
para acompanhar sua viagem nos caminhos da Filosofia:

Dicionários de Filosofia

ABBAGNANO, N. *Dicionário de Filosofia*. Trad. coord. e revista por Alfredo Bosi e novos textos por Ivone Bene-
detti. 5ª ed. São Paulo: Martins Fontes, 2007.

BRANQUINHO, J. *Enciclopédia de termos lógico-filosóficos*.
São Paulo: Martins Fontes, 2006.

CANTO-SPERBER, M. *Dicionário de ética e Filosofia moral.* Trad. Ana Maria Ribeiro Althoff *et al.* 2 volumes. São Leopoldo: Unisinos, 2003.

FERRATER MORA, J. *Dicionário de Filosofia.* Trad. Maria Stela Gonçalves *et al.* 5 volumes. São Paulo: Loyola. (É o melhor dicionário de Filosofia de que se dispõe em língua portuguesa.)

JAPIASSU, H.; MARCONDES, D. *Dicionário básico de Filosofia.* 3ª ed. Rio de Janeiro: Jorge Zahar, 1996.

LALANDE, A. *Vocabulário técnico e crítico de Filosofia.* Trad. Fátima Sá Correia *et al.* 3ª ed. São Paulo: Martins Fontes, 1999.

Na internet, um grupo de professores portugueses mantém o *Dicionário escolar de Filosofia*, de boa qualidade, em versão *online* e com acesso gratuito! No mesmo *site*, há outros recursos úteis aos iniciantes: http://www.defnarede.com.

Coleções introdutórias ao estudo da Filosofia

Volumes da coleção Filosofia Frente & Verso, Globo (Amor, Deus, Morte etc.).

Volumes da coleção Filósofos na Sala de Aula, Berlendis & Vertecchia.

Volumes da coleção Filosofia Passo a Passo, Jorge Zahar (Heidegger, Hegel etc.).

Volumes da coleção Logos, Moderna (Descartes, Espinosa, Tomás de Aquino etc.).

Livros de história da Filosofia

KENNY, A. *Uma nova história da Filosofia*. Trad. Carlos Alberto Bárbaro (vols. I, III e IV) e Edson Bini (vol. II). São Paulo: Loyola. (É uma das melhores apresentações gerais da história da Filosofia traduzidas em português.)

STÖRIG, H. J. *História geral da Filosofia*. Trad. Volney J. Berkenbrock *et al*. Petrópolis: Vozes, 2008.

MARCONDES, D. *Iniciação à história da Filosofia*. 2ª ed. Rio de Janeiro: Jorge Zahar, 1998.

SENELLART, M. *História argumentada da Filosofia Moral e Política*. Trad. Alessandro Zir. 2 volumes. São Leopoldo: Unisinos, 2003.

Volumes da coleção História da Filosofia, Unisinos.

Alguns livros sobre metodologia filosófica

BORNHEIM, G. A. *Introdução ao filosofar*. São Paulo: Globo, 1989.

IDE, P. *A arte de pensar*. Trad. Paulo Neves. São Paulo: Martins Fontes, 2000.

FOLSCHEID, D. & WUNENBURGER, J.-J. *Metodologia filosófica*. Trad. Paulo Neves. 3ª ed. São Paulo: Martins Fontes, 2006.

LUNGARZO, C. *O que é lógica?* São Paulo: Brasiliense, 1988 (coleção Primeiros Passos).

MORTARI, C. *Introdução à lógica*. São Paulo: Ed. da Unesp, 2001.

Sites úteis para o estudo de Filosofia

1. O organismo oficial dos pesquisadores brasileiros profissionais em Filosofia é a Associação Nacional de Pós-Graduação em Filosofia (Anpof). Seu *site* é: www.anpof.org.br. No *site*, você encontrará informações administrativas relativas à pesquisa em Filosofia, mas também informações referentes a revistas, eventos etc. Há, também, revistas eletrônicas de acesso gratuito. Verifique em: http://www.anpof.org.br/revistas. Há ainda a Academia Brasileira de Filosofia, mais recente do que a Anpof, com outro perfil e atuação diferenciada: www.filosofia.org.br.

2. É possível encontrar vários *sites* de pesquisa filosófica. Um deles, com muitas referências sobre todos

os campos da Filosofia, chama-se *Sobre sites*. Contém também grande parte de *sites* estrangeiros. Vale a pena visitar: http://www.sobresites.com/filosofia/index.htm. Um outro *site* com recursos interessantes para os iniciantes é o mantido por professores portugueses com o nome de *Crítica*. Lá se podem encontrar muitos textos gratuitos, inclusive o *Guia das falácias*, de Stephen Downes, traduzido em português e útil para os que desejam aprimorar-se na atividade da argumentação. Além disso, há textos de excelente qualidade sobre História da Filosofia, Lógica, Filosofia Política, Estética etc.: http://criticanarede.com/.

3. Há várias revistas eletrônicas de Filosofia, no Brasil, e com acesso gratuito! Você pode navegar pelos *sites*, identificando artigos que venham a interessar-lhe. Alguns apresentarão um nível maior de dificuldade para compreensão, mas outros serão mais acessíveis. Não deixe de aproveitar a oportunidade de desfrutar da informação filosófica proporcionada por essas revistas. Eis alguns exemplos:

Cadernos de Ética e Filosofia Política (USP):
http://www.fflch.usp.br/df/cefp

Revista Abstracta – Linguagem, Mente e Ação:
   http://www.abstracta.pro.br
Revista Cognitio, voltada, sobretudo, para os estudos do
   pragmatismo (PUC-SP):
   http://www.pucsp.br/pos/filosofia/Pragmatismo/cognitio/
   cognitio_folha_rosto.htm
Revista Controvérsia, sobre assuntos filosóficos variados:
   http://www.controversia.unisinos.br
Revista Discurso (USP):
   http://www.fflch.usp.br/df/site/publicacoes/discurso.php
Revista de Filosofia Antiga (USP/Unicamp):
   http://www.filosofiaantiga.com/documents/121.html
Revista de Filosofia (PUC-RJ):
   http://www.oquenosfazpensar.com
Revista de Filosofia (USP):
   http://www.fflch.usp.br/df/site/publicacoes/discurso.php
Revista Principia (UFSC), voltada para epistemologia:
   http://www.cfh.ufsc.br/~principi/ind-p.html
Revista Princípios (UFRN), sobre assuntos filosóficos variados:
   http://www.principios.cchla.ufrn.br
Revista Sképsis, voltada para os estudos do ceticismo:
   http://www.revista-skepsis.com
Revista Veritas (PUC-RS):
   http://revistaseletronicas.pucrs.br/ojs/index.php/veritas

Nos próximos volumes de nossa coleção, continuaremos a dar outras dicas de viagem. Alertamos os leitores para a má qualidade de muitos *sites* que se apresentam como filosóficos. Muitos contêm apenas opiniões, sem a devida argumentação, ou com argumentações equivocadas. As indicações que fizemos aqui são seguras. Siga a partir delas! Desejamos uma viagem muito prazerosa pelos caminhos da Filosofia!

GRÁFICA PAYM
Tel. [11] 4392-3344
paym@graficapaym.com.br